Et si les abeilles disparaissaient?

PISSENLIT

PHACÉLIE

VIPÉRINE COMMUNE

LES PLANTES PRÉFÉRÉES DES ABEILLES

ASTER

MÛRES

TRÈFLE BLANC

GROSEILLIER EN FLEURS

BOURRACHE

VÉRONIQUE
DE VIRGINIE

COQUELICOT

NÉMOPHILE
MACULÉE

FICAIRE

COTONÉASTER

RUDBECKIE

CERISIER

À Ayia et Pappoo, pour le jardin que vous avez cultivé
et grâce auquel tout a commencé.

Catalogage avant publication de Bibliothèque et Archives Canada

Titre: Et si les abeilles disparaissaient? / texte et illustrations de Lily Williams ;
texte français de Louise Binette.
Autres titres: If bees disappeared. Français
Noms: Williams, Lily, auteur, illustrateur.
Description: Traduction de : If bees disappeared.
Identifiants: Canadiana 20220452083 | ISBN 9781039700802 (couverture souple)
Vedettes-matière: RVM: Abeilles—Conservation—Ouvrages pour la jeunesse.
| RVM: Abeilles—
Ouvrages pour la jeunesse. | RVM: Abeille—Ouvrages pour la jeunesse.
Classification: LCC QL565.2 .W5514 2023 | CDD j595.79/9—dc23

Initialement publié aux États-Unis par Roaring Brook Press, une division de Macmillan.

Édition publiée par les Éditions Scholastic, 604, rue King Ouest, Toronto (Ontario) M5V 1E1, Canada, en vertu d'une
entente conclue avec l'auteure et BookStop Literary Agency.

5 4 3 2 1   Imprimé en Chine   62   23 24 25 26 27

Conception graphique du livre : Mercedes Padró
Les illustrations ont été créées numériquement avec Photoshop.

MIXTE
Papier issu de
sources responsables
FSC® C020056

Et si les abeilles disparaissaient?

Lily Williams

Texte français de Louise Binette

SCHOLASTIC

NOUS VOICI DANS LE COMTÉ HISTORIQUE DE KENT, AU ROYAUME-UNI.
Le Kent, surnommé le jardin de l'Angleterre, est célèbre pour ses
collines onduleuses et ses paysages verdoyants.
Les créatures qui y vivent sont
    touffues,
      rusées,
        piquantes et...

PETITES.

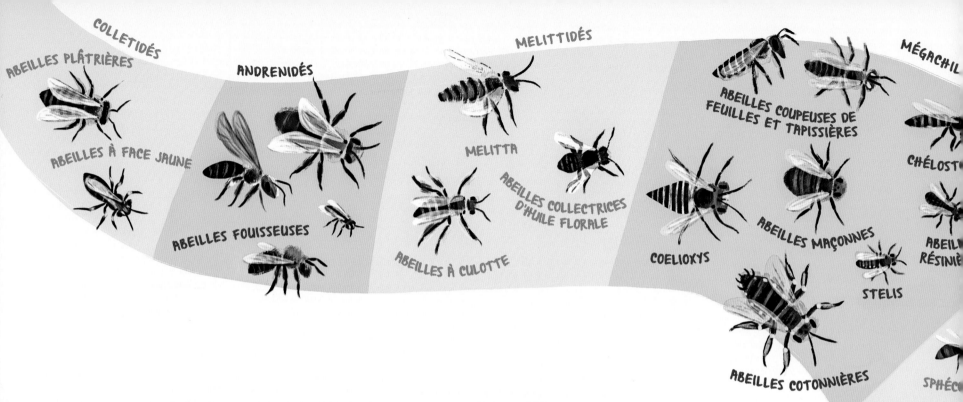

COLLETIDÉS

ABEILLES PLÂTRIÈRES

ABEILLES À FACE JAUNE

ANDRENIDÉS

ABEILLES FOUISSEUSES

MELITTIDÉS

MELITTA

ABEILLES COLLECTRICES D'HUILE FLORALE

ABEILLES À CULOTTE

MÉGACHIL

ABEILLES COUPEUSES DE FEUILLES ET TAPISSIÈRES

CHÉLOSTO

ABEILLES MAÇONNES

COELIOXYS

STELIS

ABEILLE RÉSINIÈ

ABEILLES COTONNIÈRES

SPHÉCO

DUFOURI

Les abeilles sont une espèce clé, ce qui signifie qu'elles comptent parmi les animaux les plus importants de leur écosystème. Les ancêtres des abeilles sont d'abord apparus il y a 270 millions d'années. Après des millions d'années d'évolution et quelques extinctions de masse, les abeilles communes sont apparues en Asie du Sud-Est il y a environ 35 millions d'années. Aujourd'hui, il existe plus de 20 000 espèces d'abeilles dans le monde.

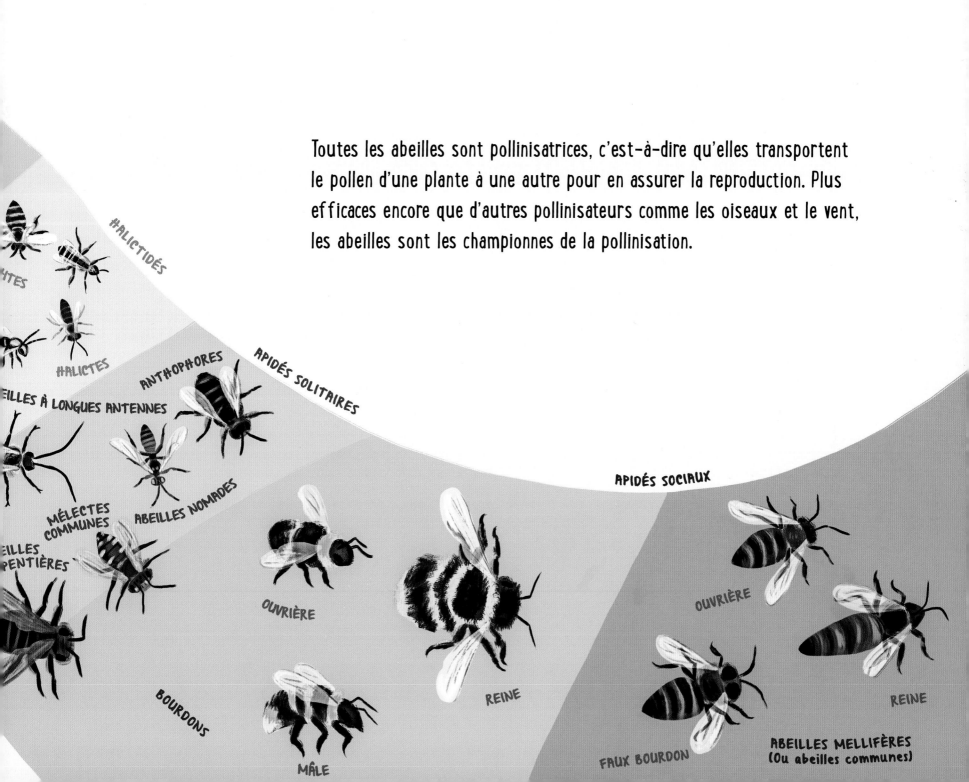

Toutes les abeilles sont pollinisatrices, c'est-à-dire qu'elles transportent le pollen d'une plante à une autre pour en assurer la reproduction. Plus efficaces encore que d'autres pollinisateurs comme les oiseaux et le vent, les abeilles sont les championnes de la pollinisation.

HALICTIDÉS

HALICTES

...ITES

ANTHOPHORES

APIDÉS SOLITAIRES

...EILLES À LONGUES ANTENNES

MÉLECTES COMMUNES

ABEILLES NOMADES

...EILLES ...PENTIÈRES

APIDÉS SOCIAUX

OUVRIÈRE

REINE

BOURDONS

MÂLE

OUVRIÈRE

FAUX BOURDON

REINE

ABEILLES MELLIFÈRES
(Ou abeilles communes)

Les abeilles communes sont considérées comme un superorganisme. Cela signifie que les différentes composantes de la ruche agissent comme un seul organisme, et qu'elles ne peuvent pas survivre les unes sans les autres. La reine, qui dirige la colonie des abeilles, doit demeurer en santé et s'accoupler avec les mâles, qu'on appelle les faux bourdons, pour produire autant de bébés abeilles que possible. Le reste de la ruche est composé d'abeilles femelles ouvrières. Celles-ci butinent pour trouver de la nourriture, défendent la ruche et pollinisent les fleurs.

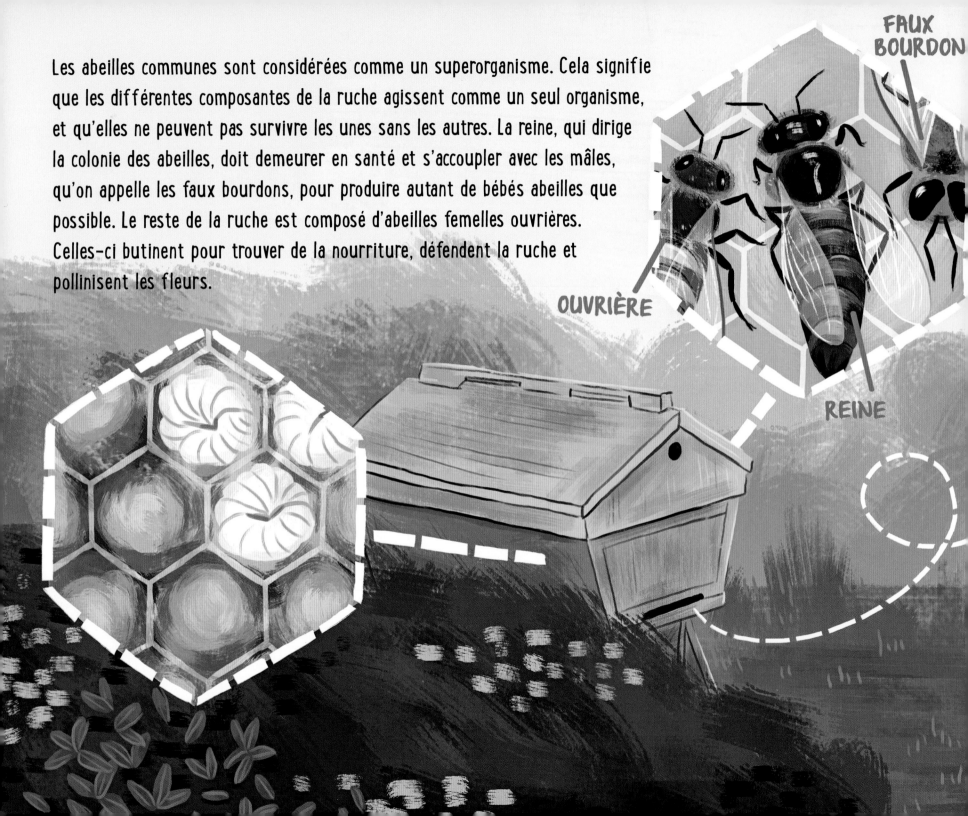

FAUX BOURDON

OUVRIÈRE

REINE

Les ouvrières consacrent leurs journées à la récolte de nectar pour nourrir leur colonie. Durant ce procédé, leur corps velu se couvre de pollen, que les ouvrières répandent de fleur en fleur tandis qu'elles en aspirent le nectar. Grâce au pollen ainsi distribué, les abeilles créent une population de fleurs plus forte et plus diversifiée.

Malheureusement, les abeilles sont aujourd'hui menacées par des facteurs environnementaux et humains, et par une maladie appelée syndrome d'effondrement des colonies d'abeilles. Ce phénomène se produit lorsqu'une colonie entière d'abeilles meurt en même temps. Les scientifiques ont observé que les maladies, l'exposition aux pesticides, le manque d'aires d'alimentation et la malnutrition peuvent contribuer à l'apparition de ce syndrome. Toutefois, on ne sait pas exactement ce qui le déclenche. Le syndrome d'effondrement des colonies d'abeilles est responsable de la perte de la majorité des ruches.

Si les abeilles disparaissaient...

la plupart des plantes qu'elles pollinisent disparaîtraient aussi. La pollinisation par le vent crée moins de diversité végétale que la pollinisation par les abeilles. La diversité végétale est importante pour favoriser un environnement résistant et sain. S'il est vrai que certaines plantes pourraient survivre sans la pollinisation des abeilles, les fleurs qu'elles produisent auraient un aspect différent, une durée de vie réduite et seraient moins goûteuses. La majorité des plantes pollinisées par les abeilles ne pourrait pas survivre en ne comptant que sur la pollinisation par le vent, par les oiseaux ou par d'autres insectes.

POLLINISATION PAR LES ABEILLES

POLLEN

POLLEN

POLLEN

POLLINISATION PAR LE VENT

POLLEN

LE POLLEN SE DÉPOSE SUR LES STIGMATES

Si la pollinisation par les abeilles disparaissait...

nos aliments préférés, comme les pommes, les bleuets, les avocats, les amandes, le chocolat et le café, deviendraient plus rares. Les fruits jouent un rôle important dans l'alimentation de beaucoup de gens.

Si une grande variété de fruits disparaissait...

les oiseaux qui se nourrissent de fruits sauvages, par exemple l'étourneau sansonnet, disparaîtraient aussi. Cela affecterait alors les oiseaux de proie, qui dépendent des plus petits oiseaux pour s'alimenter, perturbant encore davantage la population aviaire.

Si les oiseaux disparaissaient...

il n'y aurait plus de protection naturelle contre les animaux nuisibles dans les jardins et les fermes, ni de dispersion des graines par les oiseaux qui mangent des fruits. Les oiseaux contribuent à préserver la santé des jardins et des fermes en consommant des centaines d'insectes chaque jour. De plus, les graines qui se retrouvent dans l'intestin des oiseaux qui se nourrissent de fruits sont dispersées sur le territoire, assurant une biodiversité riche en plantes à fruits.

Sans abeilles, sans oiseaux et sans nos aliments préférés,
il ne nous resterait qu'une variété limitée de cultures.

LES CROTTES CONTIENNENT DES GRAINES QUI DEVIENDRONT DE NOUVELLES PLANTES

La disparition de ces plantes, animaux et insectes pourrait persister et changer le monde tel que nous le connaissons. Cet effet de détricotage, qu'on appelle cascade trophique, s'étendrait des fleurs aux cultures, aux jardins, aux villes et aux pays, pour finir…

dans nos propres jardins.

De la nourriture aux médicaments en passant par les vêtements, les abeilles participent à la fabrication de biens essentiels à nos vies.

Heureusement, l'actualité des abeilles est bourdonnante. Grâce aux nombreuses initiatives en apiculture urbaine, aux techniques d'élevage responsables et à l'apiculture de basse-cour, nous pouvons en apprendre davantage sur les abeilles partout où nous allons.

Ce sera peut-être l'occasion pour nous de comprendre que même les plus petites bestioles...

APICULTURE URBAINE
visites et infos

PEUVENT CHANGER LE MONDE.

GLOSSAIRE

BIODIVERSITÉ : variété d'organismes vivants présents dans un milieu.

ESPÈCE CLÉ : espèce qui produit un tel effet sur son écosystème que celui-ci serait très différent sans elle.

ORGANISME : forme de vie (plante, animal ou forme de vie unicellulaire).

PESTICIDE : substance utilisée pour contrôler les organismes nuisibles (plantes, insectes ou animaux). En général, les pesticides servent à préserver les cultures et sont nocifs pour les plantes, les insectes et les animaux.

POLLINISATEUR : animal ou insecte qui transporte le pollen d'une fleur ou d'une plante vers une autre pour permettre la fécondation.

POLLINISER : répandre du pollen sur une plante ou une fleur pour permettre la fécondation.

RUCHE : nid ou structure fermée où vivent les abeilles.

SUPERORGANISME : unité sociale formée d'organismes incapables de survivre les uns sans les autres. Les abeilles, les fourmis, les coraux et les termites sont des exemples de superorganismes.

SYNDROME D'EFFONDREMENT DES COLONIES D'ABEILLES : phénomène qui se produit quand une colonie d'abeilles disparaît en abandonnant la reine. On ignore ce qui arrive à ces abeilles.

LES ABEILLES EN DIFFICULTÉ

Partout dans le monde, les populations de pollinisateurs sont en baisse. Bien que les abeilles incarnent souvent le visage des pollinisateurs en déclin, de nombreux autres pollinisateurs ont besoin de notre aide, notamment les abeilles solitaires sauvages et les abeilles maçonnes. L'usage des pesticides est considéré comme une cause majeure du syndrome d'effondrement des colonies d'abeilles, bien que les varroas répandent aussi des maladies au sein des colonies d'abeilles et chez les abeilles sauvages. De plus, l'abondance de terres agricoles partout dans le monde a entraîné un manque d'aires d'alimentation pour les abeilles, qui sont ainsi devenues exposées et vulnérables. Nous pouvons nous permettre de perdre une certaine population d'abeilles, mais nous nous approchons d'un seuil au-delà duquel d'autres pollinisateurs (oiseaux, vent et autres insectes) seront incapables de compenser la perte des abeilles.

La majeure partie des aliments que nous mangeons provient de la pollinisation par les abeilles, et tant d'autres produits que nous utilisons chaque jour, y compris les médicaments et les vêtements, existent grâce à une saine pollinisation par les abeilles et à la biodiversité de la flore. Pour avoir des aliments variés dans nos épiceries et nos garde-mangers, nous devons adopter des techniques agricoles soucieuses des abeilles et créer un monde plus respectueux de ces insectes.

CE QUE TU PEUX FAIRE POUR PROTÉGER LES ABEILLES

En faisant dès maintenant de petits gestes pour aider les abeilles, nous pouvons avoir une grande influence sur notre avenir.

• Parles-en! Dis à tes amis, à tes parents et à ta communauté à quel point les abeilles ont besoin de notre aide. Plus les gens seront renseignés sur les abeilles, plus ils s'en soucieront et s'efforceront de les protéger.

• Plante des fleurs qui les attirent! Les abeilles aiment les fleurs simples dans lesquelles elles peuvent entrer facilement, les fleurs aux longues périodes de floraison et aux couleurs vives. Vérifie quelles fleurs indigènes, parmi les préférées des abeilles, conviendraient le mieux au lieu où tu habites.

• N'élimine pas toutes les mauvaises herbes qui poussent dans ton jardin et n'utilise pas de produits chimiques nocifs. Un jardin un peu négligé fournira aux abeilles solitaires sauvages un endroit où nicher et butiner.

• Fabrique des hôtels à abeilles pour les espèces sauvages. Les abeilles solitaires sauvages et les abeilles maçonnes ne produisent peut-être pas de miel, mais elles sont d'excellentes pollinisatrices. Le fait d'avoir une saine population d'abeilles sauvages pour compléter le travail des abeilles mellifères est une très bonne façon de favoriser la pollinisation.

• Encourage les apiculteurs de proximité en achetant du miel artisanal. Un apiculteur responsable s'assure de laisser suffisamment de miel aux abeilles pour qu'elles demeurent en santé. En achetant du miel de ton quartier, tu permets à un apiculteur qui élève une saine population d'abeilles près de chez toi de rester en affaires.

• Achète des aliments qui ont été produits en tenant compte du bien-être des abeilles. Parfois, certaines informations sur l'emballage indiquent si l'aliment a été cultivé de façon à protéger les abeilles.

• Joins-toi à d'autres passionnés des abeilles! Les scientifiques apprécient les efforts des petites communautés pour aider les populations d'abeilles.

• Prends la défense des abeilles! Fais savoir aux élus de ta région que c'est important pour toi de protéger les abeilles et de limiter l'utilisation de pesticides. Quand tu pourras voter, fais-le en pensant aux abeilles!

• Lance-toi dans l'apiculture (avec l'accord de tes parents). L'apiculture est une excellente façon de garder les populations d'abeilles en santé et de suivre de près les maladies affectant les abeilles sur le plan local.

NOTE DE L'AUTEURE

**L'information contenue dans ce livre est une description simplifiée d'un processus complexe.
Pour en apprendre davantage sur le sujet, rends-toi à la bibliothèque ou consulte le Web avec tes parents.**

Cette collection a vu le jour lorsque j'ai ressenti le besoin de faire comprendre aux gens l'importance des requins dans notre monde (*If Sharks Disappeared*). Je me suis dit qu'une fois qu'ils saisiraient à quel point les requins sont importants et menacés d'extinction, les lecteurs voudraient sauver les requins autant que moi. *Et si les abeilles disparaissaient?* est le quatrième ouvrage de la collection (disponible en anglais), et en écrivant chaque livre, j'ai développé un immense respect et une passion pour une nouvelle espèce et pour les écosystèmes qu'elle aide à préserver.

Cependant, j'ai parfois le sentiment qu'il reste tant à faire et si peu de temps pour y arriver. Je suis dépassée par ce que j'apprends et par tous les différents moyens qui s'offrent à moi pour aider chacune de ces merveilleuses créatures. Si jamais tu éprouves ce sentiment, je t'encourage à choisir une chose et à commencer par là. Ce que j'espère, c'est d'arriver à te transmettre mon amour pour ces animaux, et alors, ensemble, nous pourrons éduquer les autres! Plus les gens en connaîtront sur le sujet, plus ils seront prêts à agir pour protéger notre planète. S'il y a une chose que les abeilles nous ont apprise, c'est que les petits efforts s'additionnent et qu'ils ont un réel impact.

REMERCIEMENTS

Ce livre n'existerait pas sans tous ces gens qui m'ont aidée et encouragée durant mon travail de recherche et d'exploration : ma famille — qui soutient chacune de mes envolées; Minju Chang, de BookStop Literary Agency, qui m'a aidée à prendre du galon; Emily Feinberg, de Roaring Brook Press, la crème de la crème; l'équipe de direction artistique grâce à laquelle ces livres ont pris leur essor au fil des ans; les équipes des volets publicité, écoles et bibliothèques, qui savent susciter l'enthousiasme; Anna Lee, qui m'a présentée à sa ruche et qui est elle-même une reine; et *toi*, qui m'écoutes, me lis et m'aides à faire passer le message à propos des pollinisateurs. Sauvons les abeilles!

À PROPOS DE LILY WILLIAMS

Lily Williams est l'auteure-illustratrice de *If Sharks Disappeared*, *If Polar Bears Disappeared* et *If Elephants Disappeared*. Elle a grandi dans le nord de la Californie, où elle a obtenu un baccalauréat en arts du California College of the Arts, mais elle a ensuite déménagé à Denver, Colorado. Lily espère provoquer un changement, impliquer son lectorat et éduquer les enfants petits et grands grâce à son art.

ORIGAN

ROMARIN

CHARDON BLEU

POMMIER

PIVOINE

BRUYÈRE

SCABIEUSE

LAVANDE

ELLÉBORE

ANGÉLIQUE

LIERRE

CROCUS

TOURNESOL

CENTAURÉE NOIRE

BOULETTE COMMUNE